**Opus 83**

# Schulz und Schulz
# St. Trinitatis Leipzig

**Text**
**Wolfgang Jean Stock**

**Photographien/Photographs**
**Stefan Müller**

**Edition Axel Menges**

Herausgeber/Editor: Axel Menges


ISBN 978-3-932565-83-0



Druck und Bindearbeiten/Printing and binding: Graspo CZ, a.s., Zlín, Tschechische Republik/Czech Republic

Übersetzung ins Englische/Translation into English: Ilze Mueller

Gestaltung/Design: Axel Menges

## Inhalt



## Contents

Wolfgang Jean Stock

## Baukunst aus Raum und Licht – die Kirche St. Trinitatis Leipzig von Schulz und Schulz Architekten

Für den 100. Deutschen Katholikentag im Mai 2016 hatte man ausgerechnet jene ostdeutsche Großstadt ausgewählt, in der die Katholiken weniger als fünf Prozent der Bevölkerung stellen und rund 80 Prozent überhaupt konfessionslos sind. Und doch gab es zwei gute Gründe für Leipzig. Zum einen wächst dort die katholische Gemeinde, wenn auch auf bescheidenem Niveau, und zum anderen wurde im Jahr davor die neue Propsteikirche St. Trinitatis im Zentrum dieser wieder aufblühenden Stadt geweiht – der größte Kirchenneubau in Ostdeutschland seit der Wiedervereinigung im Herbst 1990.

Auch wenn Leipzig historisch zum Kernland des deutschen Protestantismus zählt, hat die Propsteikirche zwei Vorgänger. Nicht weit entfernt vom Standort des jetzigen Neubaus stand die historische Kirche. 1847 geweiht, war sie das erste im neugotischen Stil erbaute Gotteshaus in Leipzig, ja sogar die erste Kirche seit der Reformation. Während des Zweiten Weltkriegs weitgehend zerstört, wurde sie 1954 als Ruine gesprengt. Weil das SED-Regime die Genehmigung für einen sakralen Neubau immer wieder hinauszögerte, konnte das katholische Gemeindeleben nur durch die ökumenische Gastfreundschaft in evangelischen Kirchen aufrechterhalten werden. Es dauerte schließlich fast drei Jahrzehnte, bis die zweite Trinitatiskirche fertiggestellt war. Sie gehört zu den gar nicht seltenen Kirchenneubauten auf dem Gebiet der früheren DDR, die auf der Grundlage von Devisengeschäften mit westlichen Partnern entstanden.

Ende 1982 geweiht, mußte sie auf politischen Druck hin jedoch in eine Vorstadt gesetzt werden. Außerdem sollte sie aus ideologischen Gründen nicht als Kirche, sondern als »Halle« erscheinen. Für den Bau dienten vor allem DDR-Standardkonstruktionen aus Stahl und Stahlbeton, eigens entwickelt wurden Wände aus milchigen, in Betonwaben eingegossenen Gußglassteinen. Auch deshalb wirkt der noch vollständig erhaltene und inzwischen unter Denkmalschutz stehende Kirchensaal ohne künstliche Beleuchtung eher düster. Das gefühlte Dunkel verstärkt die künstlerische Ausstattung durch den Metallgestalter Achim Kühn: Als »Zelt Gottes unter den Menschen« umfängt den Altarbereich eine mehrfach gefaltete Rückwand in rostbraunen Tönen.

Von der Gemeinde wurde ihre zweite Kirche wegen ihres Standorts und ihrer Gestalt nicht gerade geliebt. Hinzu kam, daß bereits im Folgejahr der Kirchweihe Bauschäden auftraten, die nur provisorisch behoben werden konnten. Im Laufe von 25 Jahren waren die Schäden dann so gravierend geworden, daß die Baufachleute des Bistums einen Neubau empfahlen: Er würde an einem anderen Standort nicht viel teurer kommen als eine Grundsanierung der bisherigen Kirche. Diese Empfehlung entsprach dem Wunsch der Gemeinde, mit einem neuen Sakralbau wieder in der Stadtmitte präsent und sichtbar zu werden. Im Jahr 2009 war es soweit: Für die neue Kirche wurde von der Propsteipfarrei ein zweistufiger, nicht offener Wettbewerb ausgelobt, zu dem 20 angesehene Architekturbüros eingeladen wurden, darunter zwei aus dem europäischen Ausland. Den Sieg in dieser viel beachteten Konkurrenz errangen Schulz und Schulz Architekten, die schon seit den 1990er Jahren mit ihrem Büro in Leipzig ansässig sind.

### Von Witten nach Leipzig

Die Brüder Ansgar Schulz (Jahrgang 1966) und Benedikt Schulz (Jahrgang 1968) wurden in Witten geboren, einer kleinen Großstadt am Rande des Ruhrgebiets. Wohl beeinflußt durch das Elternhaus, denn Vater Otto Schulz war auch Architekt, entschieden sie sich bereits früh für ein Architekturstudium im nahe gelegenen Aachen. Annette Menting hat im Buch *Schulz & Schulz Architektur* aus dem Jahr 2011 dargelegt, wodurch die Schulz-Brüder an ihrer Universität geprägt wurden.

»An der Architekturfakultät der Rheinisch-Westfälischen Hochschule lehren Architekten wie Wolfgang Döring aus Düsseldorf, Fritz Eller aus Österreich sowie Volkwin Marg, der mit seinem Partner Meinhard von Gerkan eines der renommiertesten deutschen Architekturbüros führt. Der Einfluß des Tragwerkslehrers Franz Krauss ist noch in der heutigen Entwurfspraxis der Schulz-Brüder spürbar, die seit mehreren Jahren eine enge Kooperation mit den Ingenieuren Hermann Seeberger und Ernst Friedl führen. Ein Lehrer wie Wolfgang Döring ist mit seinen experimentell-konstruktiven Modul-Fertigbausystemen prägend, darüber hinaus bietet er als Schüler von Egon Eiermann anschaulich Anknüpfungspunkte an die Nachkriegsmoderne.«

Mittlerweile können die Schulz-Brüder auf eine fast 25jährige Zusammenarbeit zurückblicken. Sie sind aber nicht nur vielfach ausgezeichnete Architekten, sondern auch leidenschaftliche Mitglieder des Fußballclubs Schalke 04. So überrascht die Äußerung von Ansgar Schulz nicht, wenn man ihn nach der Position ihres Büros fragt: »Wir sind kein junges Büro mehr, wir möchten in der Bundesliga spielen.« Zugleich betont er, daß man sich nach wie vor in der Tradition des Rationalismus sehe. Schon immer habe sie Mies van der Rohe fasziniert, durch die konstruktive Perfektion und gestalterische Reduktion seiner Bauten, aber auch durch die städtebaulichen Setzungen, die sie bei einer Studienreise nach Chicago bestätigt fanden. Orientierung im Studium hätten neben Egon Eiermann auch jene bayrischen Architekten gegeben, deren Bauten sich durch eine intelligente Systematik auszeichnen: Sep Ruf, Peter C. von Seidlein, Kurt Ackermann und Thomas Herzog.

Durch ihre Studienaufenthalte – Ansgar Schulz in Madrid, Benedikt Schulz in Paraguay – kamen Einflüsse aus dem iberischen Architekturraum hinzu. Dies betrifft zum einen die skulpturale Ausbildung von Baukörpern, zum anderen den Umgang mit Licht. Als Zeitgenossen gehören die Schulz-Brüder zur »Generation, die durch die Postmoderne hindurchgegangen ist«, wie es Andreas Hild einmal ausgedrückt hat. Es ist jene Generation, die nach der ersten Moderne und der siegreichen zweiten mit den Holzwegen zu einem schalen Modernismus nun die dritte Moderne bildet, die reflexiv auf die Irrtümer ihrer Vorgänger antwortet. Sie bildet insofern eine Synthese, als sie den Hang der Postmoderne zu Spiel und Spektakel zwar radikal ablehnt, wohl aber Anregungen von ihr aufnimmt: etwa zu einer verfeinerten Maßstäblichkeit und Materialität, vor allem aber den Respekt vor dem baulichen Erbe und der Geschichte der Stadt.

### Bauen für die Gemeinschaft: drei Beispiele

Wie andere Architekten konnten auch die Schulz-Brüder durch gewonnene Wettbewerbe den Weg in die Selbständigkeit wagen. Schon nach wenigen Jahren verleg-

1. Erste Trinitatiskirche Leipzig, 1847. Photo von 1890.
2. Zweite Trinitatiskirche Leipzig, 1982. (Photo: Peter Franke.)
3. Egon Eiermann, Kaiser-Wilhelm-Gedächtniskirche, Berlin, 1963. (Photo: Klaus Kinold.)
4. Ludwig Mies van der Rohe, Deutscher Pavillon auf der Internationalen Ausstellung 1929 in Barcelona. Rekonstruktion, 1986. (Photo: Klaus Kinold.)

1. First Trinitatiskirche Leipzig, 1847. Photo from 1890.
2. Second Trinitatiskirche Leipzig, 1982. (Photo: Peter Franke.)
3. Egon Eiermann, Kaiser-Wilhelm-Gedächtniskirche, Berlin, 1963. (Photo: Klaus Kinold.)
4. Luwig Mies van der Rohe, German Pavilion at the 1929 International Exposition in Barcelona. Reconstruction, 1986. (Photo: Klaus Kinold.)

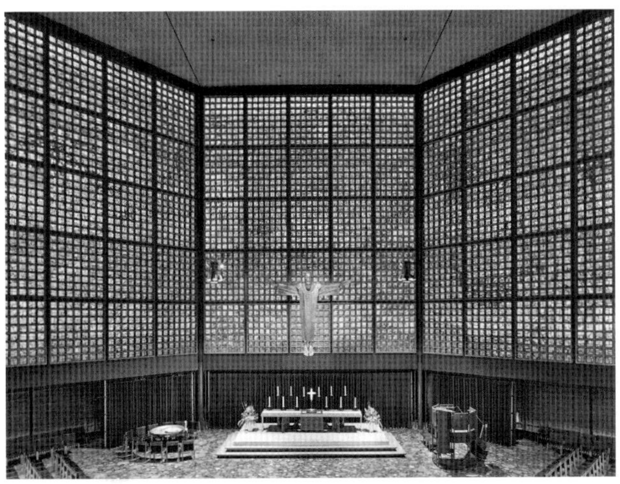

Wolfgang Jean Stock

## Architecture created from space and light – the church of St. Trinitatis Leipzig by Schulz und Schulz Architekten

For the 100th German Catholics Day in May 2016 organisers had picked, of all places, the East German city in which Roman Catholics make up less than five percent of the population, and about 80 percent belong to no denomination at all. But there were two good reasons for selecting Leipzig. On the one hand, the Catholic community there is growing, albeit at a modest level, and on the other, the previous year marked the consecration of the new provost church of St. Trinitatis in the centre of this revitalised city – the largest new church to be built in East Germany since reunification in the autumn of 1990.

Even though Leipzig is historically considered the heartland of German Protestantism, the provost church has two precursors. Not far from the site of the present new building stood the historical church. Consecrated in 1847, it was the first neo-Gothic style house of worship to be built in Leipzig, indeed the first church since the Reformation. Almost completely destroyed during World War Two, the ruin was demolished in 1954. Because the SED regime kept postponing its authorisation of a new sacred building, Catholic community life could be maintained only thanks to ecumenical hospitality in Protestant churches. Eventually it took almost three decades for the second Trinitatis church to be completed. It is one of the not uncommon new church buildings in the former GDR to be constructed as a result of foreign exchange transactions with Western partners.

The building was consecrated in late 1982, but due to political pressure it had to be located in a suburb. Moreover, for ideological reasons, it was to take the form not of a church, but of a »hall«. The material used for the construction primarily consisted of standard GDR constructions of steel and reinforced concrete; specifically developed were walls made of opaque cast glass blocks poured into concrete honeycombs. This is another reason why the church hall, which is still fully preserved and in the meantime has been listed as a historical monument, tends to look rather dark without artificial lighting. This perceived darkness is reinforced by the interior design of metal artist Achim Kühn: As »God's tent among his people«, a multiple folded back wall in shades of rust brown surrounds the altar area.

Because of its location and design, this second church was not exactly popular with the congregation. Added to this was the fact that as early as in the year following the consecration of the church, structural damage appeared that could be repaired only provisionally. Over a 25-year period the damage had become so serious that diocese building specialists recommended that a new church be built: At a different location, they felt, it would not be much more expensive than a complete renovation of the current church. This recommendation was in line with the congregation's wish to be present and visible in the city centre again with a new house of worship. In 2009 things started moving: The parish sponsored a two-stage closed competition for the new church, inviting 20 renowned architecture firms to participate, two of them from other European countries. Schulz und Schulz Architekten, who had had an office in Leipzig since the 1990s, won this highly regarded competition.

### From Witten to Leipzig

The brothers Ansgar Schulz (born in 1966) and Benedikt Schulz (born in 1968) are natives of Witten, a small city at the edge of the Ruhr region. Influenced, no doubt, by their parental home – for father Otto Schulz was also an architect – they decided at an early age to study architecture in nearby Aachen. Annette Menting, in her 2011 book *Schulz & Schulz Architektur,* explains what shaped the Schulz brothers at their university.

»Teaching in the architecture department of the Rheinisch-Westfälische Hochschule are architects such as Wolfgang Döring from Düsseldorf, Fritz Eller from Austria, and Volkwin Marg, who together with his partner Meinhard von Gerkan runs one of the most renowned German architectural firms. The influence of Franz Krauss, who taught structural design, can still be felt in the Schulz brothers' design practice today; for several years, they have cooperated closely with the engineers Hermann Seeberger and Ernst Friedl. A teacher like Wolfgang Döring with his experimental modular prefabricated construction systems exerts a formative influence and, what is more, as a student of Egon Eiermann, he clearly provides points of contact to the postwar Modern Movement.«

In the meantime the Schulz brothers can look back on almost 20 years of working together. But they are not only architects who have won many awards, but also passionate members of the football club Schalke 04. Thus it isn't surprising when Ansgar Schulz, asked what the position of their firm is, says: »We're no longer a young firm, we'd like to play in the national league.« At the same time he emphasises that the firm still sees itself as being part of the tradition of Rationalism. From the beginning, he says, they have been fascinated by Mies van der Rohe, by the constructional perfection of his buildings and the way he reduced designs to their essentials, but also by his urban development projects as evidenced by observations during a study trip to Chicago. Besides Egon Eiermann, he goes on to say, guidance during their studies was also provided by those Bavarian architects whose buildings are characterised by an intelligent system: Sep Ruf, Peter C. von Seidlein, Kurt Ackermann and Thomas Herzog.

As a result of study visits – Ansgar Schulz in Madrid, Benedikt Schulz in Paraguay – they were also influenced by Iberian architecture, exemplified on the one hand by the sculptural design of buildings, and on the other hand by the use of light. The Schulz brothers are the contemporaries of the »generation that went through the postmodern period«, as Andreas Hild once put it. It is the generation that after the first Modern Movement and the victorious second one, wandering down blind alleys to an insipid Modernism, now forms the third Modern Movement, reflexively reacting to the errors of its predecessors. It is a synthesis in that, while radically rejecting the tendency of Postmodernism to indulge in games and spectacles, it does incorporate its ideas: for instance, a refined proportionality and materiality, but above all respect for the architectural heritage and history of the city.

### Building for the community: three examples

Like other architects, the Schulz brothers, too, were able to venture upon the road to independence by winning

ten sie den Sitz ihres Büros nach Leipzig, weil sie besonders in Sachsen erfolgreich waren. Nun ist der Architekturwettbewerb in Fachwelt und Öffentlichkeit wegen der angeblichen Tendenz zum Mittelmaß umstritten, doch die Schulz-Brüder sind von ihm als »Königsweg« überzeugt. Vor allem in zahlreichen Wettbewerben konnten sie ihr Selbstverständnis zum Ausdruck bringen: »Uns interessiert das Bauen für die Gemeinschaft – es ist großartig, Räume zu entwickeln, in denen viele Menschen zusammenkommen und die den einzelnen begeistern. Eine Schule, eine Universität, eine Kirche oder ein Museum zu bauen und durch die Gestaltung des Raums die Wahrnehmung zu fokussieren und kollektive Emotionen zu erzeugen, das treibt uns an. Wir wollen die Menschen berühren und Lebensraum für positive Momente schaffen. Gute Architektur ermöglicht Handlungsspielräume und bereichert den persönlichen Alltag genauso wie das öffentliche Leben.«

Drei Beispiele aus ihrem umfangreichen Werk können vor Augen führen, wie sehr es den Schulz-Brüdern gelingt, auf unterschiedliche Bedingungen angemessen und zugleich kraftvoll zu reagieren. Eine besonders anspruchsvolle Aufgabe war das 2005 fertig gestellte »Wolkenlabor« in Leipzig, in dem Erkenntnisse zur Klimaentwicklung gewonnen werden. Den komplexen Hintergrund hat Annette Menting in dem bereits erwähnten Buch anschaulich beschrieben: »Im Wolkenlabor des Leibniz-Instituts für Troposphärenforschung ist eine präzisere und effizientere Arbeit möglich, denn anstatt atmosphärische Wolken in großen Höhen zu untersuchen, erzeugen die Forscher sie nun an einem Simulator, dem Leipzig Aerosol Cloud Interaction Simulator – kurz: LACIS. Dieses Forschungsinstrument ist weltweit einmalig und wurde von den Wissenschaftlern als Prototyp entwickelt: In einem schmalen Edelstahlrohr von nur 15 Millimeter Durchmesser werden die Komponenten Wasserdampf und Feinstaubpartikel unter streng regulierten Bedingungen zusammengeführt. Einzelne Tropfen einer künstlichen Wolke entstehen im Strömungsrohr über 10 Meter Höhe durch Kondensation. Mit einem Laserstrahl werden sie gezählt und vermessen, so daß die Eigenschaften der Wolken quantifizierbar werden.«

Bei diesem Direktauftrag entwarfen die Schulz-Brüder ein Gebäude von stupender Symbolik. Während die Büroräume und Labore der Wissenschaftler in einem weitgehend verglasten und vom Boden leicht abgehobenen Flachbau auf quadratischem Grundriß versammelt sind, ragt aus seiner Mitte ein mächtiger Zylinder auf: der Laborturm, der im Grunde nur das filigrane Forschungsinstrument enthält. Durch diese Steigerung der Anlage zu einem großen vertikalen Volumen teilt das Gebäude seinen eigentlichen Zweck sinnfällig mit – in den Worten von Annette Menting: »Die Mikrowelt des Versuchsinstruments wird abstrahiert zur Makrostruktur des Gebäudes.« Durch seine Gestalt stellt der mit eloxiertem Aluminium verkleidete Turm ein auffallendes Zeichen im Leipziger Wissenschaftspark dar.

Ein typologisch verwandtes, aber städtebaulich ganz anders definiertes Projekt war das 2009 vollendete, aus einem Wettbewerb hervorgegangene Gebäude für Sonderlabore der Universität Leipzig. Hier ging es nicht um einen frei stehenden Solitär, sondern um die Einfügung neuer Architektur in eine historische Umgebung. Ausgangspunkt war das Bestandsgebäude der Biowissenschaftlichen Fakultät. Ursprünglich ein Gründerzeitbau, war es nach Kriegszerstörungen in der Tradition des Neoklassizismus wiederaufgebaut worden. Die Aufgabe, dieses Bauwerk durch ein Laborgebäude für molekularbiologische und gentechnische Versuche zu ergänzen, lösten die Schulz-Brüder durch einen Entwurf im Dialog mit dem Altbau – ein klassisches Verfahren, das schon von Architekten wie Gunnar Asplund oder Karljosef Schattner kultiviert worden war. Der scharfkantige Quader des Neubaus nimmt zwei Parameter der Nachbarschaft auf, die Traufhöhe und die Folge der gereihten Fenster, gibt sich aber als selbstbewußtes Werk aus dem Geist unserer Zeit zu erkennen. So liegen die zu Quadraten vergrößerten Fenster bündig in der Außenhaut des Gebäudes, die aus präzisen Weißzement-Betontafeln mit einem klaren Fugenbild besteht. Verbunden sind Alt- und Neubau durch eine Brücke, die den Luftraum zwischen beiden durchquert.

Das dritte hier vorgestellte Projekt der Schulz-Brüder führt in die Zukunft. Gegen starke Konkurrenz haben sie kürzlich einstimmig den Wettbewerb für die neue Deutsche Botschaft in Wien gewonnen. Dieses Bauwerk wird ihr zweites in Österreich werden, nach der 2009 realisierten Bundeshandelsakademie und Bundeshandelsschule in Feldkirch (Vorarlberg). Im 3. Wiener Bezirk, in beengter städtischer Umgebung, haben sie das neue Botschaftsgebäude als einen geschlossenen Kubus mit Innenhof frei in den Garten gestellt. Angesichts der hohen Sicherheitsanforderungen an eine Botschaft lobte die Jury begeistert den »neuen Typus eines offenen, mit seiner Umgebung in Dialog tretenden Hauses«.

### Moderner Kirchenbau seit 1945

Bei aller Freude über den gewonnenen Wettbewerb für die Deutsche Botschaft betonen die Schulz-Brüder, daß ein Kirchenbau doch die »schönste Aufgabe« sei. Daß sie in Leipzig die neue Propsteikirche realisieren konnten, ist im übrigen ein schlagendes Argument gegen die häufig, ja sogar in seriösen Publikationen geäußerte Behauptung, der Kirchenbau spiele in der Gegenwart keine Rolle mehr. Das Gegenteil ist richtig: Bis in unsere Jahre hinein zeichnet sich der Kirchenbau durch eine große Kontinuität aus, allerdings mit zwei Brüchen, wie ein kurzer Abriß seit dem Zweiten Weltkrieg zeigt.

Dabei wird auch deutlich, daß von da an kein anderer Bautypus die wechselvolle Entwicklung der modernen Architektur besser spiegelt als der Kirchenbau. Dies trifft vor allem auf Europa zu, wo sich unbeschadet regionaler Besonderheiten deutliche Parallelen bei den Neubauten für die beiden großen christlichen Konfessionen feststellen lassen. In der Nachkriegszeit genoß der Sakralbau in vielen Ländern eine Hochkonjunktur. Die Gründe dafür lagen im Wiederaufbau zerstörter Gebäude, aber auch in den großen konfessionellen Wanderungen (in Deutschland kamen Protestanten in katholische Gebiete und umgekehrt) sowie in der Errichtung neuer Stadtteile, die nach Kirchen oder Kapellen verlangten. Das Institut für Kirchbau und kirchliche Kunst der Gegenwart an der Universität Marburg schätzt, daß damals mehr Sakralbauten entstanden als jemals zuvor. Allerdings handelt es sich dabei nicht nur um Meisterwerke der zeitgenössischen Architektur – ein epochal herausragendes Beispiel ist die Studentenkapelle von Heikki und Kaija Sirén im finnischen Espoo aus dem Jahr 1957, bei der erstmals die Altarwand zum Wald hin völlig verglast wurde. Vielmehr stellen nicht wenige der seinerzeit errichteten Sakralbauten sogar Tiefpunkte im Bauschaffen dar. So sparte 1964 der amerikanische Architekt und Autor Ge-

5. Schulz und Schulz, Wolkenlabor des Leibniz-Instituts für Troposphärenforschung, Leipzig, 2006. (Photo: Stefan Müller-Naumann.)
6. Schulz und Schulz, Laborgebäude für Sonderlabore der Universität Leipzig, 2009. (Photo: Werner Huthmacher.)
7. Schulz und Schulz, Deutsche Botschaft, Wien, 2016 bis 2020.

5. Schulz und Schulz, cloud laboratory of the Leibniz Institute for Tropospheric Research, Leipzig, 2006. (Photo: Stefan Müller-Naumann.)
6. Schulz und Schulz, laboratory buildung for the special laboratories of Leipzig University, 2009. (Photo: Werner Huthmacher.)
7. Schulz und Schulz, German Embassy, Vienna, 2016 to 2020.

competitions. After only a few years they moved their firm to Leipzig because they were particularly successful in Saxony. While architecture competitions are controversial among professionals and the general public since they allegedly tend to be mediocre, the Schulz brothers are convinced it is the »royal road«. It was primarily in numerous competitions that they were able to express their conception of themselves: »We are interested in building for the community – it's marvellous to develop spaces in which many people gather and that delight individual visitors. Building a school, a university, a church or a museum, and focussing perception and producing collective emotions by designing space is what drives us. We want to touch people and create living space for positive moments. Good architecture opens up room for new possibilities and enriches people's everyday lives just as it does public life.«

Three examples from their extensive work may serve to illustrate how successful the Schulz brothers are in reacting appropriately and at the same time powerfully to different types of conditions. An especially challenging task was the »cloud laboratory« in Leipzig, completed in 2005, in which researchers gather data about climate change. The complex background was graphically described by Annette Menting in the book mentioned above: »In the cloud laboratory of the Leibniz Institute for Tropospheric Research it is possible to do more precise and more efficient work, for instead of studying atmospheric clouds at high altitudes, researchers now produce them in a simulator, the Leipzig Aerosol Cloud Interaction Simulator – LACIS for short. This research instrument is unique worldwide and was developed by the scientists as a prototype: In a narrow high-grade steel pipe with a diameter of only 15 millimetres, water vapour and fine particulates are combined under strictly regulated conditions. Individual droplets of a man-made cloud form in the flow tube over 10 metres of height through condensation. They are counted and measured by means of a laser beam, so that the properties of the clouds become quantifiable.«

In this direct commission, the Schulz brothers designed a building of amazing symbolism. While the scientists' offices and labs are all located in a largely glazed low-rise building lifted slightly off the ground with a square floor plan, a massive cylinder rises from its centre: the laboratory tower, which basically contains only the filigree research instrument. By this heightening of the structure into a large vertical volume, the building manifestly announces its actual purpose – in the words of Annette Menting: »The micro-world of the scientific instrument is abstracted into the macro-structure of the building.« Thanks to its form the tower, which is clad with anodized aluminium, is a striking symbol in the Leipzig Science Park.

Completed in 2009 and based on a competition-winning design, the special laboratories building of Leipzig University was a project that was typologically similar but quite differently defined in urban planning terms. Here the focus of interest was not a freestanding solitaire building, but the incorporation of new architecture in historical surroundings. The starting point for the project was the already existing building of the Faculty of Biosciences. Originally built in the Wilhelminian period, it had been rebuilt in the neoclassical style after being damaged during the war. The Schulz brothers solved the problem of adding a laboratory building for molecular-biological and genetic engineering experiments to this structure with a design that was in dialogue with the old building – a classical method that had already been used by architects such as Gunnar Asplund or Karljosef Schattner. The sharp-edged, cuboid new building takes up two parameters of the neighbourhood, the eaves height and the row of windows, but is a self-assured work that reflects the spirit of our times. Thus the windows, enlarged into squares, are flush with the outer shell of the building, which consists of precise white cement concrete panels with a clear alignment of the joints. The old and new building are connected by a bridge that crosses the air space between the two.

The third Schulz brothers project presented here points to the future. In the face of stiff competition they were recently unanimously awarded the contract for the new German Embassy in Vienna. This building will be their second in Austria, after the Bundeshandelsakademie und Bundeshandelsschule in Feldkirch (Vorarlberg), implemented in 2009. In the 3rd district of Vienna, in a cramped urban environment, they placed the new embassy building in the middle of the garden as a compact cube with an inner courtyard. In view of the high security requirements of an embassy, the jury enthusiastically praised this »new type of open building that enters into dialogue with its surroundings«.

## Modern church architecture since 1945

Although they are delighted to have won the competition for the German Embassy, the Schulz brothers emphasize that a church building is still the »most beautiful task there is«. Incidentally, the fact that they were able to build the new provost church in Leipzig is a compelling argument against the frequently repeated claim, even in serious publications, that church architecture is no longer relevant today. The opposite is true: Up to the present day, church architecture has been marked by a high degree of continuity, with two breaks, to be sure, as a short outline since World War Two shows.

At the same time it also becomes apparent that from then on no other type of building has reflected the changeable development of modern architecture better than church architecture. This is especially true of Europe, where regardless of special regional features clear parallels can be observed in the new buildings for the two large Christian denominations. In the post-war period, church architecture flourished in many countries. The reasons for this are the reconstruction of destroyed buildings, but also the great denominational migrations (in Germany Protestants came into Catholic areas and vice versa) as well as the construction of new residential districts that needed churches or chapels. The Institute for Contemporary Church Architecture and Ecclesiastical Art at the Philipps-Universität Marburg estimates that more religious buildings were erected then than ever before. It's true that we are not talking only about masterpieces of contemporary architecture – an epoch-making outstanding example is Heikki und Kaija Sirén's 1957 student chapel in Espoo, Finland, in which for the first time the altar wall facing the forest was made entirely of glass. Rather, quite a few of the churches built at that time even represent architectural lows. Thus, in 1964, the American architect and author George E. Kidder Smith in his book *Neuer Kirchenbau in Europa* was unstinting in his criticism: »There are almost breathtaking

orge E. Kidder Smith in seinem Buch *Neuer Kirchenbau in Europa* nicht mit Kritik: »Den heutigen Architekten stehen geradezu atemberaubende Möglichkeiten offen, wobei die neue Freiheit aber auch mißbraucht wurde. Abschreckende Beispiele sind die modernistisch aufgetakelten Kirchen, die man besonders in neuen Vorstadtsiedlungen antrifft.«

Meisterwerke sind immer dann entstanden, wenn es auf der einen Seite Bauherren mit einem geschärften Bewußtsein für Qualität gab und auf der anderen Seite Architekten, die fähig waren, bei dieser besonderen Aufgabe den spirituellen Dimensionen eine überzeugende Gestalt zu geben. In jenem geographischen und zugleich kulturellen Raum, den man bis zur Wende von 1989/90 als Westeuropa bezeichnet hat, ist dies während der letzten Jahrzehnte in einer charakteristischen Abfolge von Grundströmungen geschehen. Nicht nur wegen der begrenzten Mittel herrschte in der ersten Nachkriegszeit eine bescheidene, absichtlich unmonumentale Haltung vor. Danach wurden wieder verstärkt die schon nach 1920 erprobten neuen Materialien wie etwa Stahlbeton in den Kirchenbau eingeführt. Durch die Ausstrahlung von Le Corbusiers 1955 vollendeter Wallfahrtskapelle in Ronchamp, die weithin als »Wendepunkt« verstanden wurde (in der Fachwelt aber auch kritisch gesehen), tauchten besonders in Belgien und in der Schweiz vermehrt skulpturale Formen auf. Diese konkurrierten im Verlauf der 1960er Jahre mit dem häufig kubisch gestalteten Beton-Brutalismus, vor allem aber mit konstruktivistischen Konzeptionen: Organoide, »weiche« Baukörper bildeten den Gegensatz zu Montagebauten aus Stahl-Fertigteilen. Während der 1970er Jahre kam es dann zu einem inhaltlichen Bruch. Von da an dominierte in vielen Ländern, auch als Folge der oppositionellen 1968er-Bewegung in Kirchenkreisen, die Vorstellung vom kirchlichen Mehrzweckraum – die meist flachen Gebäude wurden anonym bis unscheinbar. In dieser baukulturellen Krise nahmen zugleich die Aufträge aus den beiden großen christlichen Kirchen rapide ab, weil eine gewisse »Sättigung« mit sakralen Bauten erreicht war. In den Jahren um 1990 erfolgte dann der zweite Bruch: Weil in den Kirchengemeinden das Bedürfnis nach Feierlichkeit und Erhabenheit wieder gewachsen war, zeigte sich im Kirchenbau eine neue Sakralität. Ein wirkungsmächtiges Zeugnis dafür ist die Bergkapelle von Peter Zumthor im schweizerischen Graubünden aus dem Jahr 1988.

Ob ein Kirchenbau gelingt oder gar neue Maßstäbe setzt, hängt nicht von der religiösen Haltung des Architekten ab. Das berühmteste Beispiel ist Le Corbusier, der auf die Frage, ob beim Bau seiner Kapelle der Glaube an Gott notwendig gewesen sei, geantwortet hat: »Nein, notwendig war der Glaube an Architektur.« In diesem Sinne äußerte sich auch sein Auftraggeber, der Dominikanerpater Alain Couturier, im Buch *Europäischer Kirchenbau 1950–2000* von Winfried Nerdinger zitiert: »Immer wieder erklärte er, das Ideal für eine Renaissance der christlichen Kirche wäre es, Genies zu haben, die gleichzeitig Heilige sind; da eine derartige Verbindung in der Gegenwart aber nicht vorhanden sei, sei es besser, sich an Genies ohne Glauben zu wenden als an Gläubige ohne Talent.«

### Katholische Reform und Gegenreform

Auch wenn die sakrale Architektur heutzutage als eine der wenigen gestalterisch »freien« Bauaufgaben gilt, so ist sie gleichwohl nicht frei von theologisch-liturgischen Vorgaben und Ansprüchen. Dies betrifft in erster Linie den römisch-katholischen Kirchenbau, bei dem seit den 1950er Jahren ein grundlegender Wandel hinsichtlich der innenräumlichen Disposition stattgefunden hat. Vorbereitet durch die Liturgische Bewegung und vorweggenommen in reformbetonten Neubauten, wie etwa St. Laurentius von Emil Steffann in München (1955), herrscht seit dem Zweiten Vatikanischen Konzil 1963 ein neues Kirchen- und Liturgieverständnis. Diese grundsätzliche Reform bedeutete eine Abkehr vom traditionellen Kirchenraum: Die Trennung in ein Presbyterium (Priesterraum, Chor) und einen Laienraum wurde aufgehoben, der Altar in die Mitte der Gemeinde gestellt. Leitidee war, so der Bonner Theologe Albert Gerhards, »die bewußte, fromme und tätige Teilnahme der Gläubigen« in einem Raum, der das Gemeinschaftserlebnis (Communio) stimulieren soll.

Nicht zuletzt, weil historische Weg-Kirchen »gegen den Raum« der neuen Liturgie angepaßt wurden, mehrten sich schon vor Jahren die Stimmen jener, die eine Revision der Reform fordern. So gibt es nach wie vor eine heftige Debatte über das »richtige« Liturgie- und Raumverständnis. Grundsätzlich lassen sich vier Parteien unterscheiden. Während die einen an der zentrierten Versammlung festhalten, opponieren andere geradezu fundamentalistisch gegen die ganze Liturgiereform, unter ihnen besonders der Schriftsteller Martin Mosebach, der auch den Verlust der lateinischen Sprache bei der Meßfeier beklagt. Drittens beharren Gemeinden selber bei Neubauten auf der früheren linearen Ausrichtung – ein prägnantes Beispiel ist die Herz-Jesu-Kirche in München von Allmann Sattler Wappner aus dem Jahr 2000. Eine vierte Gruppe schließlich bemüht sich darum, eine angemessene Gestalt des katholischen Kirchenraums zu finden, indem sie die Folgen der neuen Liturgie kritisch überprüft, ohne aber die Communio-Räume als eine Errungenschaft des Konzils aufzugeben: Weder die Konzeption der Mitte noch die klassische Ausrichtung des Innenraums dürften verabsolutiert werden.

### Inspirationen für St. Trinitatis

Wie ein jedes Bauwerk ist auch die neue Propsteikirche von Anregungen und Einflüssen anderer Architekten geprägt. Einige Kirchen aus der inzwischen historisch gewordenen Moderne haben für die Schulz-Brüder sogar Vorbildcharakter: freilich nicht im Sinne formaler Muster, sondern als Maßstäbe für Atmosphäre, Lichtführung und Struktur. An erster Stelle steht bei ihnen Rudolf Schwarz (1897 bis 1961), bekanntlich einer der bedeutendsten katholischen Kirchenbaumeister des 20. Jahrhunderts, und unter seinen sakralen Bauten ist es die Fronleichnamskirche in Aachen, die 1930 vollendet wurde, übrigens gegen den Widerstand des Bistums. Wegen ihrer radikalen Modernität und asketischen Ausstrahlung wirkte sie seinerzeit wie ein Fanal. Als »bewohnbares Bild« (Schwarz) ist der kastenförmige, hauptsächlich von hoch liegenden Fenstern belichtete Feierraum völlig schmucklos. Schwarz verteidigte ihn gegen die zahlreichen Angriffe: »Es ist gut, daß unsere neuen Räume so ›leer‹ sind, daß sie erst durch die menschliche Gestalt erklärt werden.« Zu den Befürwortern zählte auch der Dichter Alfred Döblin, der das Gebäude kurz nach der Weihe besucht hatte: »Der Mensch, der in diese Kirche kommt, findet nichts vor als den lebendigen Gott.«

8. Kaija und Heikki Sirén, Studentenkapelle in Espoo, 1957. (Photo: Klaus Kinold.)
9. Peter Zumthor, Caplutta Sogn Benedetg, bei Sumvitg, Schweiz, 1988. (Photo: Klaus Kinold.)
10, 11. Emil Steffann, Pfarrkirche St. Laurentius, München, 1955. (Photos: Klaus Kinold.)

8. Kaija and Heikki Sirén, student chapel in Espoo, 1957. (Photo: Klaus Kinold.)
9. Peter Zumthor, Caplutta Sogn Benedetg, near Sumvitg, Switzerland, 1988. (Photo: Klaus Kinold.)
10, 11. Emil Steffann, parish church of St. Laurentius, 1955, Munich, 1955. (Photos: Klaus Kinold.)

opportunities open to architects today, though this new freedom has also been abused. Deterrent examples are the modernistically decked out churches encountered particularly in new suburbs.«

Masterpieces have always been created whenever there were, on the one hand, clients with an increased awareness for quality and, on the other hand, architects capable of giving the spiritual dimensions a convincing form when they undertook this very special task. During the last decades, in that geographic and at the same time cultural region that until the historic turning point of 1989/90 was referred to as Western Europe, church architecture went through a characteristic sequence of trends. Immediately after the war, and not merely due to limited funds, the predominant stance was modest, deliberately non-monumental. Later, new materials that had already been tried and tested after 1920, such as reinforced concrete, were again increasingly introduced in church architecture. Thanks to the appeal of Le Corbusier's pilgrimage chapel in Ronchamp, completed in 1955, which was widely regarded as a »turning point« (but also viewed critically among professionals), sculptural forms repeatedly began to appear, particularly in Belgium and Switzerland. During the 1960s these competed with concrete Brutalism, frequently cubically shaped, but particularly with constructivist conceptions: organoid, »soft« buildings formed a contrast to system-built structures made of prefabricated steel elements. During the 1970s, a substantive change took place. From then on in many countries the dominant idea, partly as a result of the oppositional movement of the 1968s in ecclesiastical circles, was the concept of the church as a multi-purpose space – the largely low buildings became anonymous or inconspicuous. At the same time, in this crisis of architectural culture, commissions from the two large Christian churches rapidly dwindled, because a certain »saturation point« in the building of sanctuaries had been reached. In the years around 1990 the second break took place: Because in the church congregations the need for solemnity and sublimity had grown again, a new sacrality was reflected in church architecture. An influential testimony to this new direction is Peter Zumthor's mountain chapel in Graubünden, Switzerland, built in 1988.

Whether a church building is successful or even sets new standards does not depend on the religious views of the architect. The most famous example is Le Corbusier, who, when asked if a belief in God had been necessary when he built his chapel, answered: »No, what was necessary was a belief in architecture.« A similar statement was also made by his client, the Dominican priest Alain Couturier, quoted in the book *European Church Architecture 1950–2000* by Winfried Nerdinger: »He insisted that the Christian Church would achieve a renaissance by recruiting members who, ideally, combined artistic genius with a saintly spirit. Since such ›ideal candidates‹ could not be found at the time, it would be better, he continued, to engage individuals of genius who were non-believers rather than believers who had no genius.«

### Catholic reform and counter-reform

Even though sacral architecture today is considered one of the few construction fields with absolute design »freedom«, it is nevertheless not free of theological and liturgical specifications and requirements. This mainly concerns Roman Catholic church architecture, which since the 1950s has undergone a fundamental change where interior disposition is concerned. In 1963, prepared by the Liturgical Movement and anticipated in reform-focussed new buildings such as, for instance, Emil Steffann's St. Laurentius in Munich (1955), the Second Vatican Council determined to adopt a new understanding of the church and of liturgy. This fundamental reform meant a move away from the traditional church interior: The separation into a presbytery (sanctuary, chancel) and a space for the congregation was abolished, and the altar was placed amid the congregation. The guiding principle according to Bonn theologian Albert Gerhard was »the conscious, devout and active participation of the faithful« in a space intended to stimulate the experience of community (*communio*).

For years, not least because historic longitudinal churches were adapted to the new liturgy »contrary to the space«, there have been increasing demands for a revision of the reform. Thus there is still a vehement debate about the »correct« understanding of liturgy and space. In principle there are four major factions. While some cling to the centred gathering, others almost fundamentalistically oppose the entire reform of the liturgy, among them the writer Martin Mosebach in particular, who also laments the loss of the Latin language in the celebration of the Mass. Thirdly, congregations themselves insist upon new buildings that have the earlier, linear orientation – a prime example is the Herz-Jesu-Kirche in Munich by Allmann Sattler Wappner, built in 2000. Finally, a fourth group endeavours to find an appropriate form for Catholic church interiors by critically examining the consequences of the new liturgy, but without giving up the *communio* spaces, which are an achievement of the Council. Neither the conception of the centre nor the classical orientation of the interior, claim the authors, should be regarded as an absolute.

### Inspirations for St. Trinitatis

Like any other building, the new provost church too has been shaped by the ideas and influences of other architects. Some churches representing the Modern Movement that has by now become historic even serve as models for the Schulz brothers: admittedly not as formal models, but rather as benchmarks for atmosphere, lighting and structure. The architect they consider the most important is Rudolf Schwarz (1897–1961), generally known to be one of the most significant Catholic church builders in the 20th century, and of his sacral buildings the church they rank highest is the Fronleichnamskirche in Aachen, which was completed in 1930, incidentally in the face of opposition on the part of the diocese. At the time, because of its radical modernity and ascetic aura, it felt like a beacon. As an »inhabitable picture« (Schwarz), the box-shaped sanctuary, lighted mainly by windows high above the ground, is completely unadorned. Schwarz defended it against the many attacks: »It is a good thing that our new interiors are so ›empty‹ that it takes the human figure to explain them.« Among Schwarz's supporters was the writer Alfred Döblin, who had visited the church not long after its consecration: »A person who comes into this church finds nothing there but the living God.«

Anregend für die Schulz-Brüder waren auch zwei Kirchen von Rudolf Schwarz aus der Nachkriegszeit. Bei St. Anna in Düren (1956), für deren massives Mauerwerk aus Sandstein die Trümmersteine des Vorgängerbaus verwendet wurden, ist in die Außenwand des Chors ein »Lebensbaum« gemauert, der runde, mit Alabaster geschlossene Öffnungen hat. Die genauen Bogenformen fand der Bauleiter Rudolf Steinbach zusammen mit den Handwerkern, von Schwarz als »Kapellmeisterarbeit« gepriesen. Strukturell ähnelt dieser Lebensbaum dem Schriftzug St. Trinitatis, wie er in die Ostfassade der Propsteikirche eingelassen ist. Bei der Kirche St. Antonius in Essen (1969) wiederum bot die Struktur des Feierraums eine Anregung. Ähnlich wie bei der Dürener Kirche sind die sakralen Bereiche als »Stadtteile« (Schwarz) angeordnet: Marienaltar, Taufbecken und Beichtstühle nehmen in den von oben belichteten Seitenschiffen eigene Plätze ein. Diese Gliederung geht auf die im Spätwerk von Schwarz auftauchende Idee zurück, ein Bauwerk als eine kleine Stadt zu gestalten, entsprechend einem Urgedanken der Architekturtheorie seit Vitruv. Das Zentrum bildet die Altarinsel in der Vierung, um die sich die Bankreihen gruppieren.

Unter den protestantischen Gotteshäusern heben die Schulz-Brüder die 1930 vollendete Auferstehungskirche in Essen von Otto Bartning hervor, wegen ihres Typus auch »Rundkirche« genannt. Wie Rudolf Schwarz gehörte Bartning (1883 bis 1959) zu den großen Reformern im Kirchenbau. Seit seinem Sternkirchen-Projekt von 1922 machte er den Zentralraum zu seinem Thema. Um den Versammlungscharakter der Gemeinde zu steigern, entwarf er ringförmige Grundrisse – dadurch ist der Abstand zwischen dem Prediger und den Gläubigen am geringsten. In Essen steht im Mittelpunkt das Taufbecken, dem sich die gebogenen Bankreihen in der Predigtkirche zuwenden. Der Altar bildet den inneren Abschluß der Feierkirche, die wie ein Keil in den »wohnlichen« Hauptraum eingeschoben ist. Bartning ging es um die Übereinstimmung von Aufgabe und Bauform: »Kirchbau ist nicht nur das Gehäuse der Versammlung, er ist sichtbare Gestalt der Gemeinschaft.«

## Sakrale Baukultur für Leipzig

So waren die Schulz-Brüder gut vorbereitet, als 2009 der eingeladene Wettbewerb für die neue Propsteikirche St. Trinitatis mit einem Pfarrzentrum in ihrer Wahlheimat Leipzig ausgeschrieben wurde. Selbst auch Mitglieder der Kirchengemeinde, konnten sie den 1. Preis gegen zahlreiche renommierte Mitbewerber erringen, darunter Mario Botta aus Lugano, Brückner & Brückner aus Tirschenreuth, Königs Architekten aus Köln und Andreas Meck aus München. Sie überzeugten die Jury vor allem dadurch, daß sie das gesamte dreieckige Grundstück, eine Kriegsbrache, geschickt ausnutzten und dabei mit dem kompakten Körper der Kirche im Osten und dem Turm im Westen zugleich zwei markante »Eckpunkte« im Stadtraum schufen.

Der neue Kirchenbau liegt nicht nur mitten in der Stadt, sondern an einem Ort, der prominenter nicht sein könnte: an der viel befahrenen Ringstraße gegenüber dem Neuen Rathaus. Der palastartige Komplex des Rathauses, von 1899 bis 1905 im historistischen Stil von Hugo Licht errichtet, hatte bis dahin die Situation allein beherrscht. Eine Ironie mag man darin sehen, daß die katholische Propsteikirche ausgerechnet an den Martin-Luther-Ring grenzt. Der hohe Kirchturm, in dessen Südfassade Photovoltaik-Module integriert sind, ist im Quartier ein weithin sichtbares Zeichen. Zwischen ihm, der baulich mit dem Pfarrzentrum verbunden ist, und der Kirche erstreckt sich der großzügige, mit einem Wasserbecken ausgestattete Pfarrhof. Unter den lang gestreckten, durch Fensterbänder charakterisierten Verbindungsflügeln, die zu schweben scheinen, öffnet er sich nach zwei Seiten hin zur Umgebung, was die programmatische »Offenheit« der Kirchengemeinde unterstreicht. Dadurch ist ein öffentlich zugänglicher Weg von der Ringstraße zur südlichen Nachbarschaft entstanden. Dieses städtebauliche Meisterwerk erhält seine homogene Erscheinung durch die konsequente Verkleidung aller Baukörper mit einheimischem Porphyr, einem Stein vulkanischen Ursprungs, der in feinen Rottönen changiert. Es handelt sich aber nicht um dünne Plättchen, sondern um wirkliche Mauersteine, die in unterschiedlichen Längen unregelmäßig geschichtet sind. Auch hier zeigt sich die Sorgfalt der Architekten im Detail: Die Schichthöhen sind ein Vielfaches des Gebäuderasters von 17 Zentimetern, um eine schlüssige Fügung der Fassaden zu erreichen. Auch wegen der großen Spannweiten im Kirchenraum, die eine statische Herausforderung darstellten, sind dessen Fassaden fast vollständig geschlossen.

## Baustoff Licht

Ohne künstliche Beleuchtung wirkte der Kirchenraum aus DDR-Zeiten eher dunkel: Sehr gedämpft drang das Tageslicht durch die Wände aus den transluzenten Glassteinen. Der neue Kirchensaal von St. Trinitatis verkörpert das genaue Gegenteil. Zeigt er sich nach außen hin hermetisch, überrascht der Raum mit über 14 Metern lichter Höhe durch eine vibrierende Helligkeit. Entscheidend dafür ist das Oberlicht auf der Ostseite in 22 Meter Höhe: Aus der für die Gläubigen unsichtbaren Quelle fällt Zenitlicht unterschiedlicher Intensität auf die gesamte Rückwand hinter dem Altar. Durch diese Lichtführung, gleichsam aus dem Himmel heraus, wird das Empfinden von Transzendenz noch gesteigert. Es war denn auch die Absicht der Architekten, der Gemeinde ein »auratisiertes Wohnzimmer« zu schaffen. Das »Licht aus der Höhe« sorgt für eine klare Orientierung auf den Altarbereich hin – das Licht erweist sich auch hier als jener immaterielle Baustoff, den der finnische Architekt Juha Leiviskä als sein wichtigstes Material bezeichnet hat.

In seiner Disposition folgt der Kirchensaal den grundlegenden Beschlüssen des Zweiten Vatikanischen Konzils: Aufhebung der Trennung zwischen Priester- und Gemeindebezirk, Volksaltar anstelle von Hochaltar, Versammlung der Gläubigen im Sinne der Communio um die liturgische Mitte. Erschlossen wird St. Trinitatis vom Pfarrhof aus durch den breiten, zum Hof hin einladend verglasten Vorraum. Nach dem niedrigen Durchgang unter der Empore öffnet sich der helle Saal in seiner ganzen Höhe und Weite. Schon beim ersten Blick erschließt sich die Schönheit der Raumgestalt: durch die guten Proportionen, die ruhigen Wandflächen, die großzügigen Wege. Der nach Osten orientierte Saal ist jedoch quer angelegt, damit sich die Gläubigen möglichst nah um den Altar versammeln können. Am Eingang steht auf der Mittelachse der Taufstein, welcher der wachsenden Gemeinde auch als zentrales Weihwasserbecken dient. Von dort aus erreicht man über ein leichtes Gefälle den Gegenpol zum Taufstein, den Altarbezirk.

12. Rudolf Schwarz, Pfarrkirche St. Fronleichnam, Aachen, 1930. (Photo: Klaus Kinold.)
13. Rudolf Schwarz, Pfarrkirche St. Anna, Düren, 1956. (Photo: Klaus Kinold.)
14. Otto Bartning, Auferstehungskirche, Essen, 1930. (Photo: Klaus Kinold.)

12. Rudolf Schwarz, parish church St. Fronleichnam, Aachen, 1930. (Photo: Klaus Kinold.)
13. Rudolf Schwarz, parish church of St. Anna, Düren, 1956. (Photo: Klaus Kinold.)
14. Otto Bartning, Auferstehungskirche, Essen, 1930. (Photo: Klaus Kinold.)

Also inspiring for the Schulz brothers were two of Rudolf Schwarz's churches from the post-war period. In the case of the St. Anna church in Düren (1956), for whose massive sandstone walls the builders used the broken rubble of the previous building, a »tree of life« that has round apertures closed with alabaster has been inserted in the exterior wall of the chancel. It was the site manager, Rudolf Steinbach, along with the construction crew, who found the exact arch forms, which Schwarz praised highly as »Kapellmeisterarbeit« (a closely orchestrated collaboration between all parties involved). Structurally this tree of life resembles the inscription at St. Trinitatis, set in the church's east façade. On the other hand, in the case of the St. Antonius church in Essen (1969) it was the structure of the sanctuary that provided an inspiration. As with the Düren church, the sacramental spaces are arranged as »districts« (Schwarz): the Lady altar, baptismal font and confessionals are assigned their own places in the lateral naves, which are illuminated from above. This arrangement goes back to the idea that appears in the late work of Schwarz of organising a building as a small city, based upon an original idea held by architectural theoreticians since Vitruvius. The centre is formed by the altar island in the crossing around which the rows of seats are grouped.

Among the Protestant houses of worship the Schulz brothers highlight the Auferstehungskirche (Church of the Resurrection) in Essen by Otto Bartning, completed in 1930, also called a »round church« because of its type. Like Rudolf Schwarz, Bartning (1883–1959) was one of the great reformers of church architecture. Since his Sternkirche project in 1922 he had been focussing his attention on the church's central area. In order to heighten the congregation's sense of community he designed circular floor plans – as a result of which the distance between the preacher and the believers is reduced to a minimum. In Essen it is the baptismal font that is in the centre, and the curving rows of benches in the provost church are turned toward it. The altar forms the interior termination of the sanctuary that is inserted like a wedge into the main »living« space. Bartning's concern was that function should correspond to design: »The church building not only houses the gathering, it is the visible form of the community.«

### Religious architecture for Leipzig

Thus the Schulz brothers were well prepared when in 2009 the invitational competition for the new provost church St. Trinitatis along with a parish centre was announced in their adopted home of Leipzig. Themselves members of the congregation, they were able to win the 1st prize against numerous renowned fellow contestants, including Mario Botta from Lugano, Brückner & Brückner from Tirschenreuth, Königs Architekten from Cologne and Andreas Meck from Munich. They won over the jury primarily because they cleverly utilised the entire triangular plot, land reduced to rubble by the war, and at the same time created two prominent »corner points« in the urban landscape with the compact shape of the church to the east and the tower to the west.

The new church building is not only located in the very centre of town, but stands at a spot that could hardly be more prominent: on the heavily trafficked ring road opposite the Neues Rathaus. The palatial complex of the town hall, built between 1899 and 1905 in the historicist style by Hugo Licht, had up till then been the sole feature to dominate the landscape. It may strike people as ironic that the Catholic provost church abuts the Martin-Luther-Ring of all places. The tall church tower, into the south façade of which photovoltaic modules are integrated, is a landmark that is visible from afar throughout the district. Between this tower, which is structurally connected with the parish centre, and the church there is a spacious courtyard with a water basin. Under the elongated connecting wings characterised by ribbon windows, which seem to soar, the courtyard is open on two sides toward the surrounding area, emphasising the programmatic »openness« of the congregation. As a result, there is now a publicly accessible path between the ring road and the neighbourhood to the south. This masterpiece of urban planning owes its homogeneous appearance to the fact that all the buildings are consistently clad with local porphyry, an igneous rock that shimmers in delicate shades of red. However, we are not talking about thin little tiles but actual masonry blocks stacked irregularly in different lengths. Here too the architects' care is show in the detail: The thicknesses of the layers are a multiple of the building's grid of 17 centimetres to make it possible for the façades to be able to join seamlessly. Thanks to the wide spans in the church interior, which presented a structural challenge, its façades are almost totally closed.

### Light as a building material

Without artificial lighting the interior of the church built in the GDR period felt rather dark: The daylight that came through the walls of translucent glass blocks was very subdued. The new sanctuary of St. Trinitatis embodies the exact opposite. While outwardly the building looks hermetic, the interior, with an inside height of over 14 metres, surprises the visitor by its vibrant luminosity. The decisive factor here is the skylight on the east side at a height of 22 metres: From a source that is invisible to the worshippers, zenith light of varied intensity falls on the entire back wall behind the altar. Thanks to this directed lighting, from heaven as it were, the feeling of transcendence is enhanced even more. It was the architect's intention to create a »living room with an aura« for the congregation. The »light from on high« ensures a clear orientation toward the altar area – here too, light proves to be that immaterial construction material which the Finnish architect Juha Leiviskä called his most important material.

In its disposition, the sanctuary follows the fundamental decisions of the Second Vatican Council: abolishing the separation between the priest's space and the congregation's space, a people's altar instead of a high altar, gathering of the faithful in *communio* around the liturgical centre. Access to St. Trinitatis is from the church courtyard through the wide vestibule, which is invitingly glazed toward the courtyard. After the low passage beneath the gallery the bright hall opens up in its full height and width. Even at first glance visitors experience the beauty of the design of this space: thanks to its perfect proportions, calm wall surfaces and spacious pathways. Oriented toward the east, the hall is, however, laid out diagonally so that the faithful can gather around the altar as close as possible. At the entrance, on the central axis, stands the baptismal font, which also serves the

Ist dieser gewöhnlich erhöht angeordnet, so soll er hier keine Schwelle zum Bereich der Gemeinde bilden. Auf zwei Seiten wird der Saal von einer Empore umschlossen, auf der dritten von einer Werktagskapelle, die durch den Standort des Tabernakels auch als Sakramentskapelle für das stille Gebet fungiert. Zur gestalterischen Schönheit trägt nicht zuletzt die Beschränkung auf wenige Materialien bei: heller Putz, Eichenholz und Travertin.

### Liturgie und Kunst

Der jetzige Propst Gregor Giele, der »Mission als Vorschlagen des Glaubens in der heutigen Gesellschaft« versteht, hatte bereits als Pfarrer vom Wettbewerb gefordert, im Kirchenraum eine liturgische Vielfalt zu ermöglichen: »Der missionarisch ausgerichteten Gemeinde geht es darum, einen Raum zu erhalten, der für vielfältige liturgische und geistliche Vollzüge geeignet ist. Eine zu starre Festlegung des Raumes scheint da kontraproduktiv. Gerade der Osten Deutschlands entwickelt sich zunehmend zu einem pastoralen und liturgischen Experimentierfeld.«

Diese Vorgaben für unterschiedliche Handlungsformen erfüllt St. Trinitatis, bis hin zur »Großen Liturgie« mit Zuschaltung der Kapelle. Die im »offenen Circumstantes« angeordneten Bankreihen mit 600 – notabene – bequemen Sitzplätzen sind in sechs Segmente unterteilt, so daß vom Altar aus die anderen kultischen Orte auf Wegen direkt erreicht werden können, darunter die Nische zur Marienverehrung und der Standort der Heiligen Öle in der Westwand. Weil die Musik in der Gemeinde eine lange Tradition hat, betont Propst Giele die Bedeutung von Orgel und Chorempore als »dritten Verkündigungsort« – Musik sei die wichtigste »Kontaktstelle« zu Menschen, die nicht zur Gemeinde gehören. Wie im früheren Kirchensaal befindet sich die Orgel auf der Empore links von Altar und Ambo, was es dem Organisten ermöglicht, in Sichtbeziehung zum Zelebranten zu spielen.

Der ansonsten schmucklose Kirchenraum enthält zwei überzeugende künstlerische Beiträge, die in Wettbewerben ermittelt wurden. Den Zuschlag für das ebenerdige, 22 Meter lange Kirchenfenster, das unter einer Auskragung als »Schaufenster zur Stadt« in der Nordfassade liegt, erhielt der Leipziger Künstler Falk Haberkorn. Seine Arbeit besteht aus transluzenten Glasscheiben in drei Schichten mit aufgebrachter Schrift. Je nach dem Lichtszenario kann man auf der Außenscheibe den ganzen Text des Neuen Testaments lesen, auf der dahinter liegenden Scheibe den des Alten Testaments – als Schnittstelle zwischen profaner und sakraler Welt soll das Kunstwerk auf den Glauben neugierig machen. Für die Innenscheibe im Kirchenraum wählte Haberkorn die ersten Sätze des Johannes-Prologs »Am Anfang war das Wort« aus. Ebenso ungewöhnlich war die Entscheidung der Jury im zweiten Fall. Den Auftrag für die Gestaltung der liturgischen Orte erhielt der in Los Angeles lebende kubanisch-amerikanische Künstler Jorge Pardo. Zu den liturgischen Orten gehören der Altar, der Taufstein, der Ambo, der Tabernakel, die Sedilien genannten Sitze für Priester, Diakone und Ministranten sowie das – hier griechische – Altarraumkreuz. Jenseits aller Bildhaftigkeit setzt Pardo auf einfache Formen, auf Farbe und Ornament. Diese Radikalität mag manche verstören, tut aber dem Kirchensaal gut: Mit einer Ornamentik, die man sogar interreligiös deuten darf, bilden die in Rot, Weiß und Gold leuchtenden Objekte festliche Blickpunkte im vermeintlich »leeren« Raum. Dem Altarraumkreuz entspricht das Fensterkreuz in der ansonsten geschlossenen Westfassade, wodurch sich eine liturgische Positiv-Negativ-Achse ergibt. Diese Achse wird für die Gläubigen sichtbar, wenn sich bei entsprechendem Tageslichteinfall das Fensterkreuz als »Lichtkreuz« auf der Wand unter dem Altarraumkreuz abbildet. Sehr dezent ist auch der Kreuzweg gestaltet: Die Stationen treten nicht bildhaft an den Wänden auf, sondern sind in den Boden des Feierraums eingelassen.

### Bewahrung der Schöpfung

Bereits beim Architekturwettbewerb war der Anspruch auf umfassende Nachhaltigkeit ein entscheidendes Thema. Das Bauwerk soll durch seine Konzeption einen Beitrag dazu liefern, die Schöpfung zu bewahren. Die größtmögliche Reduzierung des Ressourcenbedarfs (Energie, Wasser) und die weitgehende Eigenversorgung folgen dem Anspruch, daß die Kirche im Krisenszenario autarker Schutzraum ist und ein Mindestmaß an Versorgung sichert – sie könnte dann sogar als Notkrankenhaus dienen. Langlebigkeit, Regionalität, Natürlichkeit und Schadstoffreiheit der eingesetzten Konstruktionen und Materialien stehen für eine herausragende Ökobilanz des Neubaus, die den Referenzwert der Deutschen Gesellschaft für Nachhaltiges Bauen (DGNB) um 45 Prozent unterschreitet.

Auch künftig wird es neue Sakralbauten geben: ob nun bestehende Kirchen wegen wachsender Gemeinden erweitert werden, neue Stadtteile entstehen oder Kapellen als »Orte der Einkehr« gestiftet werden. Der Kirchenbau ist zwar keine prominente »Leitaufgabe« mehr wie in der langen Nachkriegszeit, wohl aber eine Wunschaufgabe heutiger Architekten – dies belegen Äußerungen von Thomas Herzog bis hin zu Pierre de Meuron. Man darf sicher sein, daß künftige Kirchen noch stärker auf soziale Veränderungen reagieren werden. Der von den Schulz-Brüdern wie vom Autor geschätzte Otl Aicher, jener große deutsche Gestalter in der zweiten Hälfte des 20. Jahrhunderts, hatte in seinen Schriften immer wieder beklagt, daß der »Kultursonntag« im gesellschaftlichen Leben wichtiger sei als der Arbeitsalltag. Diese Kluft zu verringern, auch dazu leistet die neue Leipziger Propsteikirche ihren Beitrag – durch das ambitionierte Gemeinde- und Kulturleben der Pfarrei. Daß sich Gemeinde und Öffentlichkeit ganz zwanglos auf dem allgemein zugänglichen Pfarrhof treffen können, bietet dafür eine hervorragende Voraussetzung. Der Kirchenbau selbst wurde schon mehrfach ausgezeichnet, besonders prominent 2016 mit dem Balthasar-Neumann-Preis und mit der »Nike für Symbolik« des Bundes Deutscher Architekten (BDA).


**Weiterführende Literatur**

Annette Menting, *Schulz & Schulz Architektur*, Sulgen und Zürich 2011.
Ansgar und Benedikt Schulz, *Perfect Scale*, München 2015.
Ansgar und Benedikt Schulz, *Snapshot*, Berlin 2016.
Wolfgang Jean Stock (Hrsg.), *Europäischer Kirchenbau 1950–2000 European Church Architecture*, München, Berlin, London, New York 2003 (2. Auflage).

growing community as a central stoup. From there, by way of a gentle gradient, one reaches the counterpole to the baptismal font, the altar area.

While the latter is usually placed at a higher level, it should not form a threshold to the congregation's space here. On two sides the hall is enclosed by a gallery, on the third by a weekday chapel, which due to the position of the tabernacle also functions as a sacrament chapel for silent prayer. Last but not least, the beauty of the design is enhanced by the limited range of materials: light-toned plaster, oak and travertine.

### Liturgy and art

Already as a parish priest the current provost, Gregor Giele, who sees mission as »proposing faith in today's society«, had demanded that the competition should make it possible to have liturgical diversity in the sanctuary: »The mission-oriented congregation wants to have a space that is suitable for a diverse range of liturgical and spiritual experiences. Too rigid a definition of the space here seems counterproductive. Especially East Germany is increasingly developing into a pastoral and liturgical field of experimentation.«

St. Trinitatis meets these requirements for different types of sacred actions, including High Mass, when the chapel is linked up with the main sanctuary. The rows of benches arranged in an »open circle« with 600 – let it be noted – comfortable seats are divided into six segments so that the other ritual areas, including the alcove for the veneration of the Virgin Mary and the location of the holy oils in the west wall, can be directly reached by pathways from the altar. Because music has a long tradition in the parish, Provost Giele emphasises the importance of the organ and the choir loft as the »third place of annunciation« – music, he says, is the most important »point of contact« with people who do not belong to the congregation. As in the former church, the organ is located in the gallery left of the altar and ambo, which makes it possible for the organist to play in direct sight of the celebrant.

The otherwise unornamented sanctuary contains two powerful artworks elicited through competitions. The contract for the ground-level, 22-meter-long church window located in the north façade under an overhang – a »window to the city« – was awarded to Leipzig artist Falk Haberkorn. His work consists of translucent glass panes in three layers with lettering on them. Depending on the lighting, one can read the entire text of the New Testament on the outer pane, and that of the Old Testament on the pane behind it – as an interface between the secular and the sacred realm, the work of art is intended to make one curious about religious faith. For the inner pane within the sanctuary Haberkorn chose the first sentences of the prologue to the Gospel of St. John, »In the beginning was the Word«. Equally unusual was the jury's choice in the second case. The contract for designing the liturgical spaces was given to Cuban-American artist Jorge Pardo, who lives in Los Angeles. The liturgical spaces include the altar, the baptismal font, the ambo, the tabernacle, the seats for priests, deacons and ministrants, called sedilia, and the sanctuary cross – a Greek cross in this case. Rather than pictorial effects, Pardo prefers simple forms, colour and ornament. This radicality may disturb some people, but is good for the sanctuary hall: With an ornamentation one could even interpret as interreligious, the objects, gleaming in red, white and gold, provide festive focal points in the ostensibly »empty« hall. Corresponding to the sanctuary cross is the window cross in the otherwise closed west façade, creating a liturgical positive-negative axis. This axis becomes visible to the worshippers when the incident light falls at a certain angle: then the window cross appears as a »cross of light« on the wall below the sanctuary cross. The design of the Stations of the Cross is also very unobtrusive: The stations do not appear pictured on the walls, but are set flush in the sanctuary floor.

### The integrity of creation

Already in the architectural competition, the requirement for full sustainability was a crucial issue. The building must be designed in such a way as to help ensure the preservation of the integrity of creation. Its resource consumption (energy, water) must be reduced as much as possible and it must be largely self-sufficient, in keeping with the requirement that the church is an independent emergency shelter in a crisis scenario and provides a minimum level of care – in which case it could even serve as an emergency hospital. The longevity, regional sourcing, naturalness and freedom from hazardous substances of the structures and materials used guarantee the new building's optimal environmental impact, which falls below the reference value of the German Sustainable Building Council (DGNB) by 45 percent.

There will be more sacred buildings built in years to come – existing churches enlarged due to growing congregations, new city districts being developed or chapels founded as »places of contemplation«. It's true that the building of churches is no longer an architect's »major task« as it was in the long post-war period, but it is definitely a dream assignment for today's architects – as attested to by the statements of architects from Thomas Herzog to Pierre de Meuron. We can rest assured that churches in the future will react even more strongly to social changes. Otl Aicher, the great German designer of the second half of the 20th century, much admired by the Schulz brothers and the author alike, had in his writings repeatedly lamented the fact that people find the »cultural Sunday« more important than everyday life. The new Leipzig provost church plays its part in reducing this gulf as well – thanks to the parish's ambitious congregational and cultural life. The fact that the congregation and the public can meet quite casually in the generally accessible courtyard of the church provides ideal conditions for this. The church building itself has already received several awards, particularly the prominent Balthasar-Neumann-Preis and the Nike for Symbolism of the Bund Deutscher Architekten (BDA) in 2016.

#### Further literature

Annette Menting, *Schulz & Schulz Architektur*, Sulgen and Zurich, 2011.
Ansgar and Benedikt Schulz, *Perfect Scale*, Munich, 2015.
Ansgar and Benedikt Schulz, *Snapshot*, Berlin, 2016.
Wolfgang Jean Stock (ed.), *Europäischer Kirchenbau 1950–2000 European Church Architecture*, Munich, Berlin, London, New York, 2003 (2nd edtion).

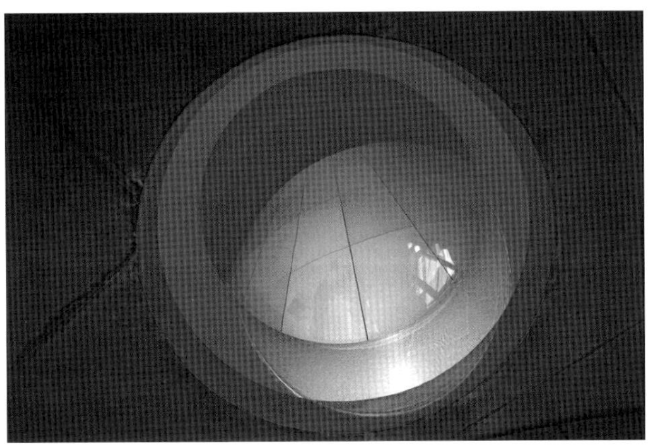

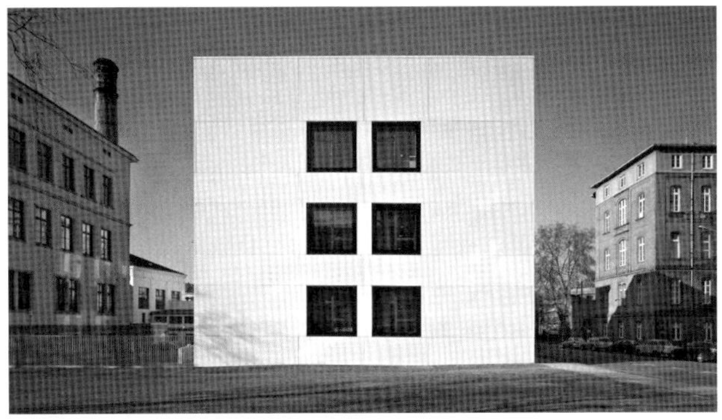

1–4. Schulz und Schulz, Wolkenlabor des Leibniz-Instituts für Troposphärenforschung, Leipzig, 2006. (Photos: Stefan Müller-Naumann.)
5–8. Schulz und Schulz, Laborgebäude für Sonderlabore der Universität Leipzig, 2009. (Photos: Werner Huthmacher.)
9–12. Bundeshandelsakademie und Bundeshandelsschule, Feldkirch, 2009. (Photo Bild 9: Sabrina Dohle, Photos Bilder 10–12: Bruno Klomfar.)
13–16. Schulz und Schulz, Vereinsgelände des FC Schalke 04, Gelsenkirchen, 2012–20. (Photo Bild 15: Uwe Dahms.)
17–19. Schulz und Schulz, Deutsche Botschaft, Wien, 2016–20. (Photos Bilder 17 und 18: BBR / Bernd Hiepe.)

1–4. Schulz und Schulz, cloud laboratory of the Leibniz Institute for Tropospheric Research, Leipzig, 2006. (Photos: Stefan Müller-Naumann.)
5–8. Schulz und Schulz, laboratory builduing for the special laboratories of Leipzig University, 2009. (Photos: Werner Huthmacher.)
9–12. Bundeshandelsakademie and Bundeshandelsschule, Feldkirch, 2009. (Photo illus. 9: Sabrina Dohle, Photos illus. 10–12: Bruno Klomfar.)
13–16. Schulz und Schulz, club grounds of FC Schalke 04, Gelsenkirchen, 2012–20. (Photo illus. 15: Uwe Dahms.)
17–19. Schulz und Schulz, German Embassy, Vienna, 2016–20. Photos illus. 17 and 18: BBR / Bernd Hiepe.)

Wir leben dich.

1. Blick vom City-Hochhaus Leipzig auf die Kirche in ihrem städtischen Umraum.
2. Situationsplan. Oberhalb der Kirche der Martin-Luther-Ring, rechts von ihr der Wilhelm-Leuschner-Platz.

1. View of the church in its urban context from the City-Hochhaus Leipzig.
2. Situation plan. On top of the church the Martin-Luther-Ring and right of it the Wilhelm-Leuschner-Platz.

3. Grundriß des Oberschosses. Legende: 1 Kirchenraum, 2 Chor, 3 Orgel, 4 Unterrichtsräume, 5 Priesterwohnungen.
4. Grundriß des Erdgeschosses. Legende: 1 Kirchenraum, 2 Werktagskapelle, 3 Sakristei, 4 Pfarrhof, 5 Gemeindesaal, 6 Gemeindebüros.
5. Grundriß des Untergeschosses. Legende: 1 Tiefgarage, 2 Technik, 3 Lager.
6. Längsschnitt. Legende: 1 Kirchenraum, 2 Empore, 3 Pfarrhof, 4 Gemeindesaal, 5 Regenwasserspeicher.
7. Axonometrie.

3. Upper-floor plan. Key: 1 church, 2 choir, 3 organ, 4 teaching rooms, 5 priest apartments.
4. Ground-floor plan. Key: 1 church, 2 weekday chapel, 3 sacristy, 4 parish courtyard, 5 community hall, 6 community offices.
5. Basement-floor plan. Key: 1 underground car park, 2 technology space, 3 storage.
6. Longitudinal section. Key: 1 church, 2 gallery, 3 parish courtyard, 4. community hall, 5 rainwater storage.
7. Axonometric view.

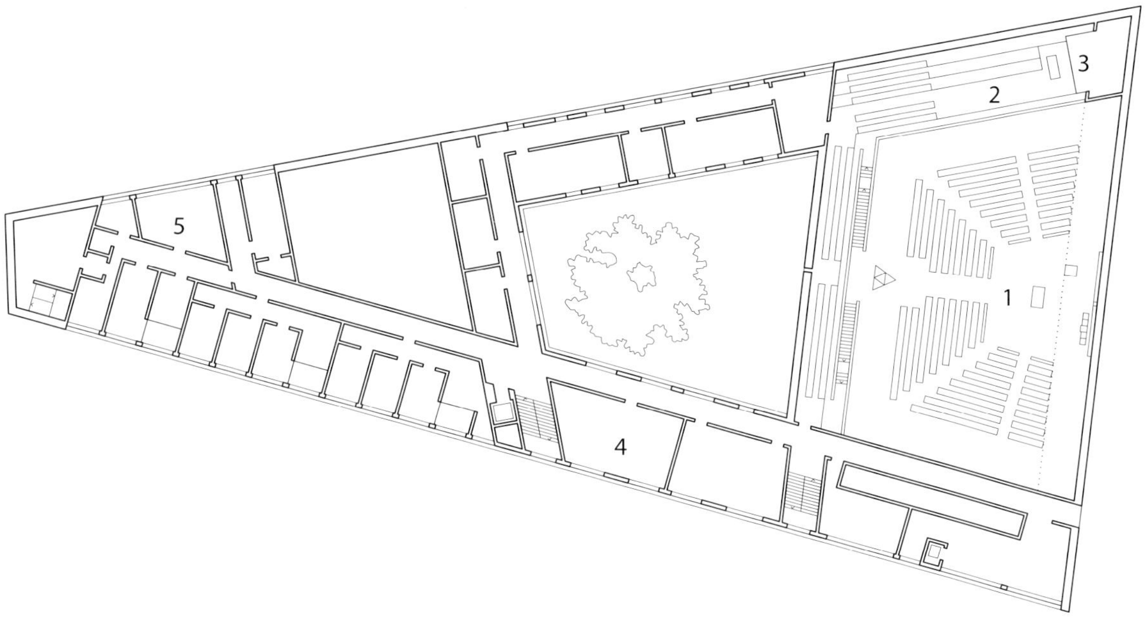


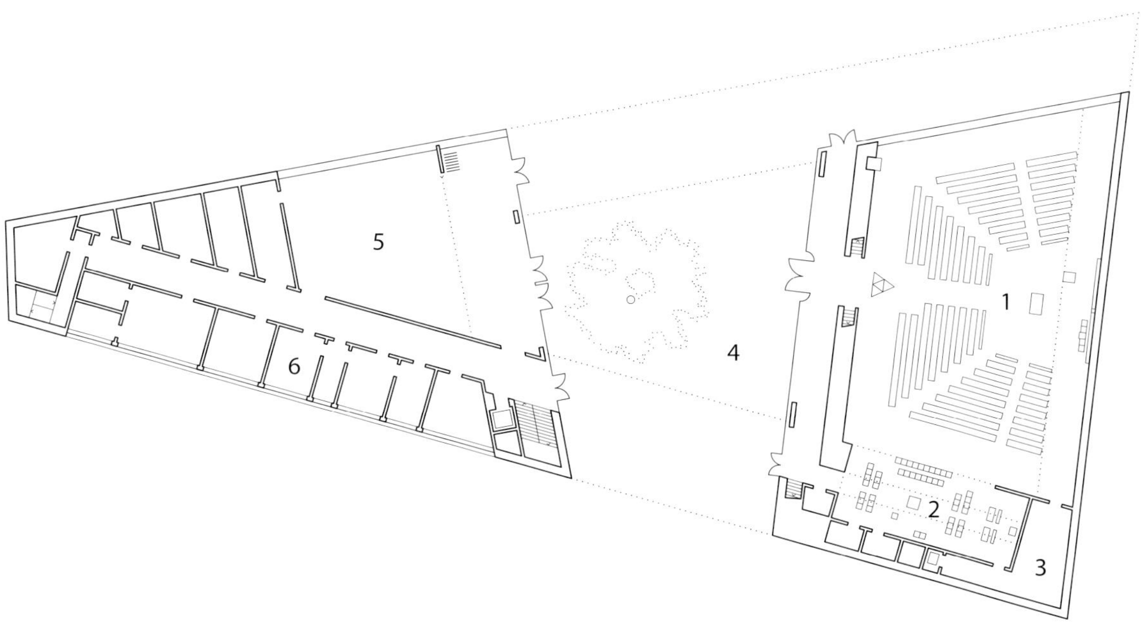


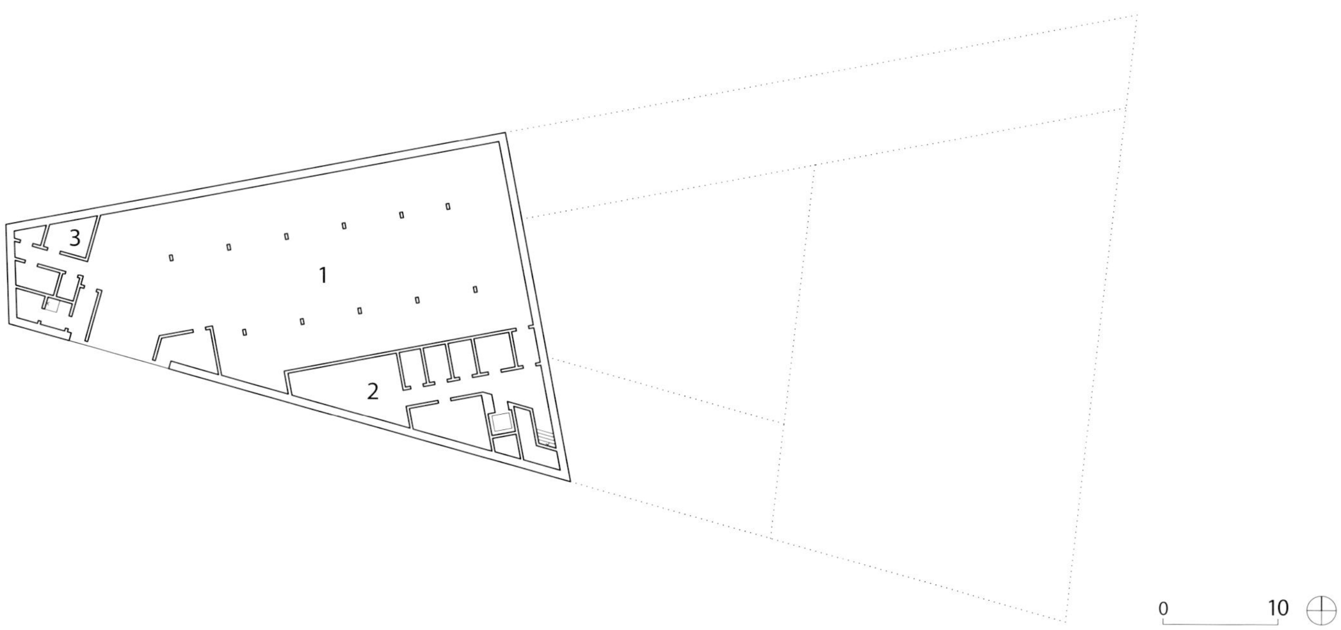

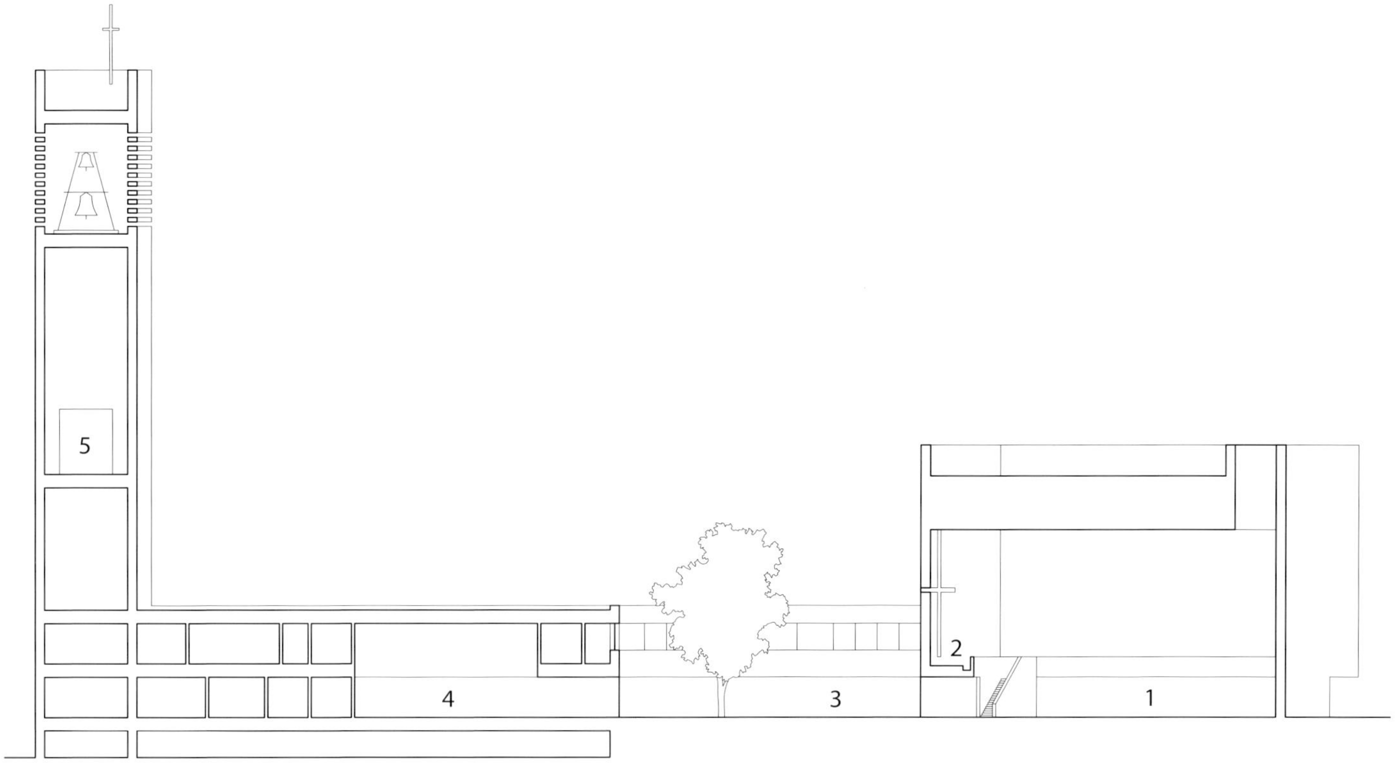
5
4
3
2
1

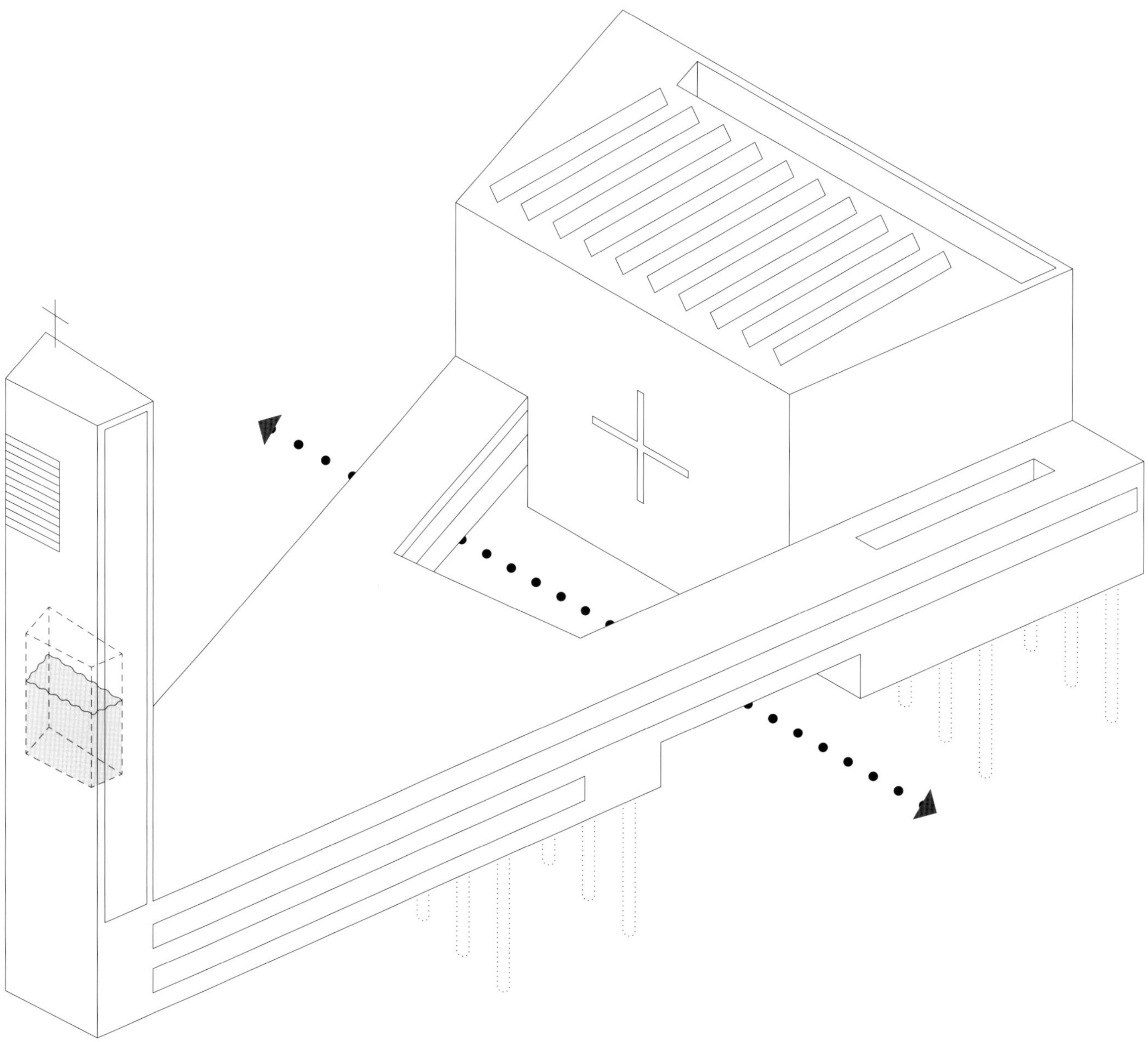

ARABELLA
ARABELLA
BURGER KING
HUNGER?

S. 22/23
8. Gesamtansicht von Westen. Links das Neue Rathaus

pp. 22/23
8. General view from the west. To the left the New City Hall.

9. Gesamtansicht von Südosten. Im Hintergrund das Neue Rathaus.
10. Gesamtansicht von Nordosten.

9. General view from the south-east. In the background the New City Hall.
10. General view from the north-east.

S. 26/27
11. Gesamtansicht von Süden.

pp. 26/27
11. General view from the south.

S. 28, 29
12. Gesamtansicht von Südwesten.
13. Detailansicht von Süden.

pp. 28, 29
12. General view from the south-west.
13. Detailed view from the south.

A.D. † 2013

14. Detailansicht von Osten.
15. Gesamtansicht von Osten.

14. Detailed view from the east.
15. General view from the east.

S. 32, 33
16. Detailansicht von Nordosten.
17. Detailansicht von Südosten.

pp. 32, 33
16. Detailed view from the north-east.
17. Detailed view from the south-east.

18, 19. Der Pfarrhof von Westen.
20. Der Pfarrhof von Nordosten.

18, 19. The parish courtyard from the west.
20. The parish courtyard from the north-east.

S. 36/37
21. Der Pfarrhof von Osten.

pp. 36/37
21. The parish courtyard from the east.

22. Detailansicht von Nordosten.
23. Der Kircheninnenraum in Richtung Norden.

22. Detailansicht from the north-east.
23. The church interior looking north.

S. 40/41
24. Der Kircheninnenraum in Richtung Westen mit Lichtkreuz in der Wand zum Pfarrhof.

pp. 40/41
24. The church interior looking west with cross of light in the wall facing the parish courtyard.

S. 42/43
25. Der Kircheninnenraum in Richtung Osten.

pp. 42/43
25. The church interior facing east.

26. Der Kirchenraum während der Kirchweihe. (Photo: André Wirsig.)
27. Detailansicht der Ostwand der Kirche mit Projektion des Lichtzkreuzes in der Westwand.

26. The church interior during the consecration of the church. (Photo: André Wirsig.)
27. Detailed view of the east wall of the church with projection of the cross of light in the west wall.

28. Blick vom Kircheninnenraum in die Werktags-kapelle.
29. Die Werktagskapelle.

28. View of the weekday chapel from the church interior.
29. The weekday chapel.

30. Der Vorraum der Kirche.
31. Der Korridor im Gemeindebereich.

30. The foyer of the church.
31. The corridor in the community area.

S. 50/51
32. Der Gemeindesaal.

pp. 50/51
32. The community hall.

**Katholische Propsteikirche**
**St. Trinitatis Leipzig**
**Nonnenmühlgasse 2**
**04107 Leipzig**

2009 Wettbewerb, 1. Preis / Competition, 1st prize
2010 Planungsbeginn / Start of planning
2012 Baubeginn / Start of construction
2015 Fertigstellung und Weihe / Completion and consecration

**Bauherr / Client**
Katholische Propsteipfarrei St. Trinitatis Leipzig

**Architekten / Architects**
Schulz und Schulz Architekten, Leipzig
Ansgar Schulz, Benedikt Schulz
Projektleiter / Project manager: Christian Wischalla
Projektteam / Project team: Matthias Hönig, Karsten Liebner, Bodo Roßberg, Lothar Wolter, Peter Gaffron, Jana Gallitschke, Sandra Nestroi, Florian Heiland, Stefan Weiske, René Büttner, Thomas Gohr

**Künstlerische Gestaltung / Artistic furnishing**
Jorge Pardo, Los Angeles (Liturgische Orte / liturgical spaces)
Falk Haberkorn, Leipzig (Kirchenfenster / church windows)

**Tragwerksplanung / Structural engineering**
Seeberger Friedl Planungsgesellschaft mbH, Ingenieurbüro für Tragwerksplanung, München/Munich
Büro für Baustatik Benno, Dominik und Mathias Förtsch Ingenieur Partnerschaftsgesellschaft, Leipzig

**Lichtplanung / Light planning**
Peter Andres Beratende Ingenieure für Lichtplanung, Hamburg

**Akustik / Acoustics**
Müller-BBM GmbH, Dresden

**Bauphysik und Nachhaltigkeit / Building physics and sustainablity**
Prof. Michael Lange Ingenieurgesellschaft mbH, Berlin
ee concept GmbH, Darmstadt

**Außenanlagen mit Brunnen / Outdoor facilities with fountain**
r+b landschaft s architektur, Dresden (Jens Rossa, Sonja Rossa-Banthien)

**Orgel / Organ**
Orgelbau Vleugels GmbH, Hardheim

Wir danken den folgenden Firmen für die gute Zusammenarbeit bei der Realisierung des Gebäudes und die freundliche Unterstützung bei der Finanzierung dieser Publikation / We thank the following firms for the excellent cooperation in implementing the building and the friendly support in financing this publication:
Büro für Baustatik Benno, Dominik und Mathias Förtsch Ingenieur Partnerschaftsgesellschaft; ee concept GmbH; FSB Franz Schneider Brakel GmbH + Co KG; Orgelbau Vleugels GmbH; Peter Andres Beratende Ingenieure für Lichtplanung; RAICO Bautechnik GmbH; r+b landschaft architektur; Seeberger Friedl Planungsgesellschaft mbH Ingenieurbüro für Tragwerksplanung; Stewi GmbH Bauunternehmung; Sto SE & Co. KGaA.